The Swamp Dance Contest And Other Bilingual Portuguese-English Stories for Kids

Pomme Bilingual

Published by Pomme Bilingual, 2024.

While every precaution has been taken in the preparation of this book, the publisher assumes no responsibility for errors or omissions, or for damages resulting from the use of the information contained herein.

THE SWAMP DANCE CONTEST AND OTHER BILINGUAL PORTUGUESE-ENGLISH STORIES FOR KIDS

First edition. July 10, 2024.

Copyright © 2024 Pomme Bilingual.

ISBN: 979-8224249367

Written by Pomme Bilingual.

Table of Contents

A Pequena Sereia e o Tesouro Perdido do Mar Azul 1

The Little Mermaid and the Lost Treasure of the Blue Sea 5

Macaco Matias e a Máquina de Mistérios 9

Matias the Monkey and the Mystery Machine 13

Crocodilo Carlos e o Grande Concurso de Dança do Pântano 17

Carlos the Crocodile and the Great Swamp Dance Contest 21

O Café Encantado de Dona Maravilha 25

Dona Maravilha's Enchanted Café 29

A Escola de Ratolândia 33

The School of Mouseville 37

A Extraordinária Aventura do Gato Roxo 41

The Extraordinary Adventure of the Purple Cat 45

O Astronauta e a Estrela Perdida 49

The Astronaut and the Lost Star 53

O Esquisito Mundo do Gato Gorgonzola 57

The Bizarre World of Gorgonzola the Cat 61

A Pequena Sereia e o Tesouro Perdido do Mar Azul

Nas profundezas do vasto e misterioso Mar Azul, vivia uma sereia chamada Marina. Diferente das outras sereias, Marina tinha um cabelo verde-esmeralda que brilhava como as algas ao sol. Seus olhos eram de um azul tão profundo quanto o próprio mar, e sua cauda cintilava em tons de dourado e prateado, fazendo com que parecesse um raio de sol debaixo d'água.

Marina era conhecida por sua curiosidade insaciável e seu espírito aventureiro. Enquanto as outras sereias se contentavam em nadar pelas correntes suaves e cantar melodias encantadoras, Marina queria explorar cada canto do oceano. Ela queria descobrir todos os segredos escondidos nas profundezas do mar.

Um dia, enquanto nadava próximo a um recife de corais, Marina encontrou um velho mapa enrolado dentro de uma garrafa. O mapa estava desgastado pelo tempo, mas ainda legível. Mostrava o caminho para um tesouro perdido há muito tempo, escondido nas profundezas mais escuras do Mar Azul. O coração de Marina bateu mais rápido com a emoção da descoberta. Sem perder tempo, ela decidiu que encontraria o tesouro.

A primeira parada de Marina foi na Caverna dos Polvos Sábios. Eles eram conhecidos por sua vasta sabedoria e conhecimento do oceano. O mais velho dos polvos, um cefalópode chamado Octavius, estudou o mapa com seus olhos enormes e sábios.

"Ah, este mapa é de um tempo antigo," disse Octavius, suas palavras saindo em bolhas. "Fala de um tesouro encantado, guardado por um poderoso feitiço. Só uma sereia de coração puro pode encontrá-lo."

"Eu sou uma sereia de coração puro!" exclamou Marina, determinada.

"Então, deve seguir o mapa, Marina," disse Octavius. "Mas tome cuidado. O caminho é cheio de perigos e criaturas que tentarão impedi-la."

Marina agradeceu e seguiu seu caminho. Nadou por florestas de algas dançantes, passou por cardumes de peixes brilhantes e enfrentou correntes traiçoeiras. Cada vez que se deparava com um obstáculo, lembrava-se das palavras de Octavius e mantinha seu coração puro e sua determinação firme.

Depois de muitos dias de viagem, Marina chegou a um abismo escuro e profundo, onde o mapa indicava que o tesouro estava escondido. No fundo do abismo, ela encontrou uma caverna brilhando com uma luz dourada. Entrando na caverna, Marina viu um baú antigo, coberto de pérolas e conchas.

Com cuidado, ela abriu o baú e, para sua surpresa, encontrou não ouro ou joias, mas um espelho mágico. Ao olhar no espelho, Marina viu seu próprio reflexo, mas havia algo mais. O espelho mostrava imagens de todos os lugares maravilhosos que ela ainda poderia explorar e todas as aventuras que a esperavam.

Compreendendo que o verdadeiro tesouro não era algo material, mas a liberdade de explorar e a alegria das descobertas, Marina sorriu. Ela levou o espelho de volta para casa, não para guardá-lo, mas para inspirar outras sereias a explorar o vasto e belo Mar Azul.

A partir daquele dia, Marina se tornou uma lenda entre as sereias, conhecida como a pequena sereia que encontrou o maior tesouro de todos: o espírito de aventura e a coragem de seguir o próprio coração.

The Little Mermaid and the Lost Treasure of the Blue Sea

In the depths of the vast and mysterious Blue Sea lived a mermaid named Marina. Unlike other mermaids, Marina had emerald-green hair that shone like seaweed in the sun. Her eyes were as deep blue as the sea itself, and her tail shimmered in shades of gold and silver, making her look like a sunbeam underwater.

Marina was known for her insatiable curiosity and adventurous spirit. While the other mermaids were content to swim along the gentle currents and sing enchanting melodies, Marina wanted to explore every corner of the ocean. She wanted to discover all the secrets hidden in the depths of the sea.

One day, while swimming near a coral reef, Marina found an old map rolled up inside a bottle. The map was worn by time but still readable. It showed the way to a long-lost treasure, hidden in the darkest depths of the Blue Sea. Marina's heart raced with the thrill of the discovery. Without wasting any time, she decided she would find the treasure.

Marina's first stop was at the Cave of the Wise Octopuses. They were known for their vast wisdom and knowledge of the ocean. The eldest of the octopuses, a cephalopod named Octavius, studied the map with his large, wise eyes.

"Ah, this map is from an ancient time," said Octavius, his words bubbling out. "It speaks of an enchanted treasure, guarded by a powerful spell. Only a mermaid with a pure heart can find it."

"I am a mermaid with a pure heart!" Marina exclaimed, determined.

"Then you must follow the map, Marina," said Octavius. "But be careful. The path is full of dangers and creatures that will try to stop you."

Marina thanked him and went on her way. She swam through forests of dancing seaweed, passed shoals of shimmering fish, and faced treacherous currents. Each time she encountered an obstacle, she remembered Octavius's words and kept her heart pure and her determination firm.

After many days of travel, Marina reached a dark and deep abyss where the map indicated the treasure was hidden. At the bottom of the abyss, she found a cave glowing with a golden light. Entering the cave, Marina saw an ancient chest covered in pearls and shells.

Carefully, she opened the chest and, to her surprise, found not gold or jewels but a magical mirror. Looking into the mirror, Marina saw her own reflection, but there was something more. The mirror showed images of all the wonderful places she could still explore and all the adventures that awaited her.

Realizing that the true treasure was not something material but the freedom to explore and the joy of discoveries, Marina smiled. She took the mirror back home, not to keep it for herself, but to inspire other mermaids to explore the vast and beautiful Blue Sea.

From that day on, Marina became a legend among mermaids, known as the little mermaid who found the greatest treasure of all: the spirit of adventure and the courage to follow her own heart.

Macaco Matias e a Máquina de Mistérios

No coração da Floresta do Cipó, onde os galhos se entrelaçam como um emaranhado de cordas mágicas, vivia um macaco chamado Matias. Diferente dos outros macacos, Matias era um inventor. Ele passava seus dias criando engenhocas e engenhocas fantásticas com as coisas que encontrava pela floresta. Seus amigos macacos riam e o chamavam de "Macaco Maluco", mas Matias não se importava. Ele sabia que um dia suas invenções fariam algo incrível.

Uma manhã, enquanto Matias estava explorando uma parte da floresta que nunca tinha visto antes, ele encontrou algo realmente extraordinário. Entre as folhas e raízes, havia uma máquina enorme, coberta de musgo e lianas. A máquina parecia antiga e estava repleta de engrenagens e alavancas. Matias, com sua curiosidade inata, começou a investigar.

Depois de limpar um pouco do musgo, ele encontrou uma placa de metal com a inscrição: "Máquina de Mistérios". Matias ficou intrigado. O que seria essa máquina? E quais mistérios ela guardaria? Sem perder tempo, ele começou a mexer nas alavancas e a girar as engrenagens. A máquina começou a fazer barulhos estranhos, e de repente, uma luz brilhante surgiu de seu interior.

A luz projetou uma imagem no chão da floresta, mostrando um mapa da própria floresta, mas com alguns lugares destacados em vermelho. Matias percebeu que esses lugares poderiam ser os pontos onde os mistérios estavam escondidos. Com um sorriso no rosto e um brilho de aventura nos olhos, ele decidiu explorar cada um desses lugares.

O primeiro ponto vermelho estava em um grande baobá, conhecido como a Árvore dos Segredos. Diziam que essa árvore guardava histórias antigas e que quem conseguisse decifrar seus símbolos seria capaz de entender os segredos da floresta. Matias subiu a árvore com habilidade, encontrando símbolos esculpidos na casca. Com suas ferramentas de inventor, ele começou a decifrar os símbolos. Logo, uma porta secreta se abriu revelando um compartimento oculto cheio de pergaminhos antigos. Matias leu um dos pergaminhos e descobriu a história da criação da Floresta do Cipó, um segredo que ninguém conhecia.

O segundo ponto vermelho estava em uma caverna escondida por detrás de uma cachoeira. Matias teve que usar sua engenhosidade para construir uma balsa com galhos e folhas para atravessar o lago que levava até a caverna. Dentro da caverna, ele encontrou um cristal brilhante no meio de um altar antigo. Ao tocar o cristal, ele viu visões do futuro da floresta, mostrando que a Floresta do Cipó seria um refúgio de paz e harmonia para todos os animais.

O terceiro ponto vermelho o levou a uma ilha no meio de um rio turbulento. Matias construiu um balão com folhas de bananeira e cipós para chegar até a ilha. Lá, ele encontrou uma caixa enterrada com um antigo relógio de sol. Este relógio de sol era especial, pois ao girar seus ponteiros, Matias podia ver momentos do passado, como os primeiros habitantes da floresta e como eles viviam em harmonia com a natureza.

A última parada no mapa era um templo antigo coberto de vinhas. O templo estava cheio de armadilhas, mas Matias, com sua habilidade e inteligência, conseguiu desviar de todas. No centro do templo, ele encontrou um grande livro de pedra. O livro continha ensinamentos sobre como todos os animais da floresta poderiam viver juntos em paz e prosperidade.

Quando Matias retornou à sua árvore-casa, levou consigo o conhecimento e os segredos que descobriu. Ele usou essas novas descobertas para criar invenções que ajudaram todos os animais da floresta. Seus amigos macacos pararam de chamá-lo de "Macaco Maluco" e passaram a respeitá-lo como "Matias, o Inventor".

Assim, Matias se tornou uma lenda na Floresta do Cipó, conhecido não apenas por suas invenções incríveis, mas também pelo seu espírito aventureiro e seu desejo de descobrir e proteger os segredos da floresta.

Matias the Monkey and the Mystery Machine

In the heart of the Vine Forest, where the branches intertwine like a tangle of magical ropes, lived a monkey named Matias. Unlike the other monkeys, Matias was an inventor. He spent his days creating fantastic gadgets and contraptions with things he found around the forest. His monkey friends laughed and called him "Mad Monkey," but Matias didn't mind. He knew that one day his inventions would do something amazing.

One morning, while Matias was exploring a part of the forest he had never seen before, he found something truly extraordinary. Among the leaves and roots was a huge machine, covered in moss and vines. The machine looked ancient and was full of gears and levers. Matias, with his innate curiosity, began to investigate.

After cleaning off some of the moss, he found a metal plaque with the inscription: "Mystery Machine." Matias was intrigued. What could this machine be? And what mysteries might it hold? Without wasting any time, he started to tinker with the levers and turn the gears. The machine began to make strange noises, and suddenly, a bright light emerged from its interior.

The light projected an image on the forest floor, showing a map of the forest itself, but with some places highlighted in red. Matias realized these places might be where the mysteries were hidden. With a smile on his face and a glint of adventure in his eyes, he decided to explore each of these places.

The first red dot was on a large baobab tree known as the Tree of Secrets. It was said this tree held ancient stories and that whoever could decipher its symbols would be able to understand the secrets of the forest. Matias skillfully climbed the tree, finding symbols carved into the bark. Using his inventor's tools, he began to decipher the symbols. Soon, a secret door opened, revealing a hidden compartment full of ancient scrolls. Matias read one of the scrolls and discovered the story of the creation of the Vine Forest, a secret no one knew.

The second red dot was in a cave hidden behind a waterfall. Matias had to use his ingenuity to build a raft from branches and leaves to cross the lake leading to the cave. Inside the cave, he found a glowing crystal in the middle of an ancient altar. When he touched the crystal, he saw visions of the forest's future, showing that the Vine Forest would be a haven of peace and harmony for all animals.

The third red dot led him to an island in the middle of a turbulent river. Matias built a balloon from banana leaves and vines to reach the island. There, he found a buried box with an ancient sundial. This sundial was special because by turning its hands, Matias could see moments from the past, such as the first inhabitants of the forest and how they lived in harmony with nature.

The final stop on the map was an ancient temple covered in vines. The temple was full of traps, but Matias, with his skill and intelligence, managed to avoid them all. In the center of the temple, he found a large stone book. The book contained teachings on how all the animals in the forest could live together in peace and prosperity.

When Matias returned to his treehouse, he brought with him the knowledge and secrets he had discovered. He used these new discoveries to create inventions that helped all the animals in the forest. His monkey friends stopped calling him "Mad Monkey" and began to respect him as "Matias the Inventor."

Thus, Matias became a legend in the Vine Forest, known not only for his incredible inventions but also for his adventurous spirit and desire to discover and protect the secrets of the forest.

Crocodilo Carlos e o Grande Concurso de Dança do Pântano

No coração do Pântano Verdejante, onde os sapos coaxavam em harmonia e os mosquitos dançavam no ar quente, vivia um crocodilo chamado Carlos. Diferente dos outros crocodilos, Carlos não era feroz nem assustador. Na verdade, ele tinha um segredo que ninguém sabia: Carlos adorava dançar!

Desde filhote, Carlos passava horas vendo os movimentos graciosos das aves e imitando os passos dos pequenos animais do pântano. Seu refúgio favorito era uma clareira escondida, longe dos olhares curiosos. Ali, ele se deixava levar pela música dos grilos e pelo ritmo das águas, dançando de forma surpreendente para um crocodilo.

Um dia, uma notícia se espalhou pelo pântano: o Grande Concurso de Dança do Pântano seria realizado em breve! Era a oportunidade perfeita para Carlos mostrar seu talento, mas ele estava dividido. Por um lado, o desejo de dançar em público o enchia de entusiasmo. Por outro, temia o que os outros animais pensariam. Afinal, um crocodilo dançarino não era algo comum.

Os amigos de Carlos, uma tartaruga chamada Teca e um pássaro chamado Pipo, o encorajaram. "Carlos, você tem que participar!", disse Teca com sua voz lenta mas firme. "Você é o melhor dançarino que já vi!", exclamou Pipo, batendo as asas de excitação.

Com o incentivo dos amigos, Carlos decidiu se inscrever. No entanto, ele ainda não sabia qual seria sua coreografia. Passou dias treinando, tentando combinar os passos que mais gostava. Experimentou passos de samba, piruetas de balé e até alguns movimentos de breakdance. Mas nada parecia certo.

Uma tarde, enquanto praticava na sua clareira secreta, Carlos ouviu um som diferente. Era uma melodia suave tocada por um grupo de sapos músicos. A música era mágica, e Carlos sentiu que ela falava diretamente ao seu coração. Ele começou a dançar ao som da melodia, e tudo parecia se encaixar perfeitamente. Carlos havia encontrado sua música!

No dia do concurso, o pântano estava lotado. Animais de todas as espécies se reuniram para assistir ao evento. Os juízes eram uma coruja sábia, um peixe elétrico e um macaco muito crítico. Quando chegou a vez de Carlos, ele sentiu um frio na barriga, mas ao ouvir a melodia dos sapos, todo o nervosismo desapareceu.

Carlos dançou como nunca antes. Seus movimentos eram fluidos, graciosos e cheios de emoção. O público ficou boquiaberto ao ver um crocodilo se mover com tanta leveza e alegria. Quando a música terminou, houve um momento de silêncio absoluto, seguido por uma onda de aplausos e gritos de alegria.

Os juízes ficaram impressionados. A coruja sábia ajustou seus óculos e declarou: "Nunca vi nada igual em todos os meus anos de concurso." O peixe elétrico acendeu suas luzes em sinal de aprovação, e até o macaco crítico deu um sorriso raro.

Carlos ganhou o primeiro lugar no concurso, mas o verdadeiro prêmio foi a aceitação e admiração de todos os animais do pântano. Ele mostrou que não importa quem você seja, seguir seu coração e fazer o que ama sempre valerá a pena.

A partir daquele dia, Carlos não precisava mais se esconder para dançar. Ele se tornou uma inspiração para todos os animais, mostrando que a verdadeira força vem da coragem de ser você mesmo. E assim, o pântano verdejante ganhou um dançarino extraordinário, cujo coração batia no ritmo da música e da alegria.

Carlos the Crocodile and the Great Swamp Dance Contest

In the heart of the Verdant Swamp, where frogs croaked in harmony and mosquitoes danced in the warm air, lived a crocodile named Carlos. Unlike other crocodiles, Carlos was neither fierce nor frightening. In fact, he had a secret that no one knew: Carlos loved to dance!

Since he was a hatchling, Carlos spent hours watching the graceful movements of birds and mimicking the steps of the small animals of the swamp. His favorite retreat was a hidden clearing, far from curious eyes. There, he let himself be carried away by the music of crickets and the rhythm of the waters, dancing in a way that was surprising for a crocodile.

One day, news spread throughout the swamp: the Great Swamp Dance Contest would be held soon! It was the perfect opportunity for Carlos to showcase his talent, but he was torn. On one hand, the desire to dance in public filled him with excitement. On the other, he feared what the other animals would think. After all, a dancing crocodile was not something common.

Carlos's friends, a turtle named Teca and a bird named Pipo, encouraged him. "Carlos, you have to participate!" said Teca in her slow but firm voice. "You're the best dancer I've ever seen!" exclaimed Pipo, flapping his wings in excitement.

With his friends' encouragement, Carlos decided to sign up. However, he still didn't know what his choreography would be. He spent days training, trying to combine the steps he liked best. He tried samba steps, ballet pirouettes, and even some breakdance moves. But nothing seemed right.

One afternoon, while practicing in his secret clearing, Carlos heard a different sound. It was a soft melody played by a group of frog musicians. The music was magical, and Carlos felt it speak directly to his heart. He started dancing to the melody, and everything seemed to fit perfectly. Carlos had found his music!

On the day of the contest, the swamp was packed. Animals of all species gathered to watch the event. The judges were a wise owl, an electric fish, and a very critical monkey. When it was Carlos's turn, he felt butterflies in his stomach, but as he heard the frogs' melody, all the nervousness disappeared.

Carlos danced like never before. His movements were fluid, graceful, and full of emotion. The audience was stunned to see a crocodile move with such lightness and joy. When the music ended, there was a moment of absolute silence, followed by a wave of applause and cheers.

The judges were impressed. The wise owl adjusted her glasses and declared, "I've never seen anything like this in all my years of judging." The electric fish lit up in approval, and even the critical monkey gave a rare smile.

Carlos won first place in the contest, but the real prize was the acceptance and admiration of all the swamp animals. He showed that no matter who you are, following your heart and doing what you love is always worth it.

From that day on, Carlos no longer needed to hide to dance. He became an inspiration to all the animals, showing that true strength comes from the courage to be yourself. And so, the verdant swamp gained an extraordinary dancer, whose heart beat to the rhythm of music and joy.

O Café Encantado de Dona Maravilha

No coração da cidade de Brumado, onde as ruas são cheias de vida e os edifícios parecem tocar o céu, havia um pequeno e discreto café chamado "Café Encantado de Dona Maravilha." A fachada era modesta, com uma placa de madeira pintada à mão e janelas cobertas por cortinas de renda. Mas todos na cidade sabiam que havia algo muito especial naquele lugar.

Dona Maravilha, a proprietária do café, era uma senhora simpática com cabelos grisalhos que pareciam ter vida própria, enrolando-se e desenrolando-se como se dançassem ao som de uma música invisível. Ela sempre usava um avental colorido e estava sempre sorrindo, mas o que realmente chamava a atenção eram seus olhos: um brilho misterioso que parecia enxergar dentro da alma das pessoas.

O que muitos não sabiam era que Dona Maravilha tinha um segredo. Seu café não era apenas um lugar para tomar uma xícara de café ou comer um bolo delicioso. Não, o Café Encantado era verdadeiramente mágico. Cada bebida e cada prato servidos ali tinham poderes especiais, preparados com ingredientes que ninguém conseguia encontrar em nenhum outro lugar.

Um dia, um menino chamado Lucas, conhecido por sua curiosidade inabalável, entrou no café. Ele tinha ouvido rumores sobre a magia do lugar e estava determinado a descobrir a verdade. Lucas tinha cabelos desgrenhados, uma mochila surrada e olhos que brilhavam com a excitação de quem está prestes a embarcar em uma aventura.

"Bem-vindo, jovem Lucas!" disse Dona Maravilha com um sorriso. "O que posso servir para você hoje?"

Lucas ficou surpreso por ela saber seu nome, mas não se deixou abalar. "Gostaria de provar algo... diferente," disse ele, tentando parecer corajoso.

Dona Maravilha sorriu e foi até o balcão, onde começou a preparar algo especial. "Hoje vou servir a você uma xícara do nosso Café dos Sonhos. É feito com grãos que colhemos nas montanhas de Sonharalto, onde dizem que os sonhos se tornam realidade."

Lucas observou fascinado enquanto ela preparava a bebida. Quando finalmente recebeu sua xícara, ele sentiu um aroma delicioso que parecia trazer lembranças de aventuras e lugares distantes. Com um gole, ele foi transportado para um mundo diferente.

De repente, Lucas estava em uma floresta encantada, onde as árvores falavam e os animais usavam roupas elegantes. Ele encontrou um coelho de cartola que o guiou até um castelo de cristal. Dentro do castelo, ele conheceu uma princesa que lhe contou sobre um tesouro escondido. Ao resolver enigmas e superar desafios, Lucas finalmente encontrou o tesouro, um baú cheio de estrelas brilhantes que podiam realizar desejos.

Quando Lucas voltou ao café, ele estava sem fôlego, mas cheio de alegria. "Foi incrível, Dona Maravilha! Eu realmente fui para outro mundo!"

Dona Maravilha apenas sorriu. "O Café dos Sonhos tem esse efeito. Mas lembre-se, Lucas, a magia não está apenas na bebida, mas também dentro de você. Nunca pare de sonhar e acreditar em suas aventuras."

Nos dias seguintes, Lucas retornou ao café sempre que podia, provando novas bebidas e pratos que o levavam a outras aventuras. Havia o Chá da Coragem, que o ajudou a enfrentar seus medos, e o Bolo da Amizade, que o fez perceber a importância dos amigos.

Um dia, Lucas trouxe sua amiga, Sofia, ao café. Sofia era tímida e raramente falava com outras pessoas, mas Lucas sabia que o café poderia ajudá-la. "Bem-vinda, Sofia," disse Dona Maravilha com seu sorriso caloroso. "O que posso servir para você?"

Sofia olhou para Lucas, que acenou encorajando-a. "Eu... eu gostaria de algo que me fizesse sentir corajosa," disse ela, timidamente.

Dona Maravilha pensou por um momento e então sorriu. "Vou preparar para você um Chocolate Quente do Coração Valente. É feito com cacau das Montanhas da Coragem e tem o poder de fortalecer o coração."

Quando Sofia tomou um gole do chocolate, sentiu uma onda de calor e segurança. De repente, ela estava em uma grande aventura, enfrentando dragões e ajudando aldeões. Ela percebeu que, apesar de suas inseguranças, tinha a força necessária para superar qualquer desafio.

Ao voltar ao café, Sofia estava radiante. "Eu consegui, Lucas! Eu realmente consegui enfrentar os dragões!"

Dona Maravilha riu gentilmente. "Lembre-se, Sofia, a coragem sempre esteve dentro de você. Às vezes, só precisamos de um empurrãozinho mágico para descobri-la."

Assim, o Café Encantado de Dona Maravilha continuou a ser um refúgio para todos que buscavam um pouco de magia em suas vidas. Crianças e adultos de toda a cidade vinham experimentar as delícias mágicas e descobrir novos mundos e aventuras.

Lucas e Sofia se tornaram grandes amigos e aventureiros, sempre explorando novas possibilidades e ajudando aqueles ao seu redor a encontrar a magia dentro de si mesmos. E toda vez que precisavam de um pouco mais de inspiração, sabiam exatamente aonde ir: ao Café Encantado de Dona Maravilha, onde cada xícara e cada prato continham uma pitada de maravilha e uma porção de sonhos.

Dona Maravilha's Enchanted Café

In the heart of the city of Brumado, where the streets are full of life and the buildings seem to touch the sky, there was a small and unassuming café called "Dona Maravilha's Enchanted Café." The façade was modest, with a hand-painted wooden sign and windows covered with lace curtains. But everyone in town knew there was something very special about this place.

Dona Maravilha, the café's owner, was a kind lady with gray hair that seemed to have a life of its own, curling and uncurling as if dancing to an invisible tune. She always wore a colorful apron and was always smiling, but what really caught people's attention were her eyes: a mysterious sparkle that seemed to see into people's souls.

What many did not know was that Dona Maravilha had a secret. Her café was not just a place to have a cup of coffee or eat a delicious cake. No, the Enchanted Café was truly magical. Every drink and dish served there had special powers, made with ingredients that could not be found anywhere else.

One day, a boy named Lucas, known for his unshakeable curiosity, entered the café. He had heard rumors about the place's magic and was determined to discover the truth. Lucas had unruly hair, a battered backpack, and eyes that shone with the excitement of someone about to embark on an adventure.

"Welcome, young Lucas!" said Dona Maravilha with a smile. "What can I serve you today?"

Lucas was surprised that she knew his name, but he didn't let it faze him. "I'd like to try something... different," he said, trying to sound brave.

Dona Maravilha smiled and went to the counter, where she began to prepare something special. "Today I will serve you a cup of our Dream Coffee. It's made with beans we harvest from the mountains of Dreamland, where they say dreams come true."

Lucas watched in fascination as she prepared the drink. When he finally received his cup, he smelled a delicious aroma that seemed to bring back memories of adventures and distant places. With a sip, he was transported to a different world.

Suddenly, Lucas was in an enchanted forest, where trees talked and animals wore elegant clothes. He met a top-hat-wearing rabbit who guided him to a crystal castle. Inside the castle, he met a princess who told him about a hidden treasure. By solving riddles and overcoming challenges, Lucas finally found the treasure, a chest full of bright stars that could grant wishes.

When Lucas returned to the café, he was breathless but full of joy. "It was amazing, Dona Maravilha! I really went to another world!"

Dona Maravilha just smiled. "Dream Coffee has that effect. But remember, Lucas, the magic is not just in the drink but also within you. Never stop dreaming and believing in your adventures."

In the following days, Lucas returned to the café whenever he could, trying new drinks and dishes that took him on other adventures. There was Courage Tea, which helped him face his fears, and Friendship Cake, which made him realize the importance of friends.

One day, Lucas brought his friend, Sofia, to the café. Sofia was shy and rarely spoke to others, but Lucas knew the café could help her. "Welcome, Sofia," said Dona Maravilha with her warm smile. "What can I serve you?"

Sofia looked at Lucas, who nodded encouragingly. "I... I'd like something that makes me feel brave," she said timidly.

Dona Maravilha thought for a moment and then smiled. "I will prepare you a cup of Braveheart Hot Chocolate. It's made with cocoa from the Mountains of Courage and has the power to strengthen the heart."

When Sofia took a sip of the chocolate, she felt a wave of warmth and security. Suddenly, she was on a great adventure, facing dragons and helping villagers. She realized that despite her insecurities, she had the strength to overcome any challenge.

When Sofia returned to the café, she was beaming. "I did it, Lucas! I really faced the dragons!"

Dona Maravilha laughed gently. "Remember, Sofia, the courage was always within you. Sometimes, we just need a little magical push to discover it."

Thus, Dona Maravilha's Enchanted Café continued to be a refuge for all who sought a bit of magic in their lives. Children and adults from all over the town came to try the magical delights and discover new worlds and adventures.

Lucas and Sofia became great friends and adventurers, always exploring new possibilities and helping those around them find the magic within themselves. And whenever they needed a bit more inspiration, they knew exactly where to go: to Dona Maravilha's Enchanted Café, where every cup and every dish contained a dash of wonder and a portion of dreams.

A Escola de Ratolândia

Na pequena e encantadora cidade de Ratolândia, escondida entre as paredes de uma antiga biblioteca, havia uma escola muito especial. A Escola de Ratolândia era conhecida por todos os ratos como o lugar onde as mentes mais brilhantes e as patinhas mais ágeis se reuniam para aprender sobre o mundo. A escola era dirigida pela sábia e bondosa diretora Dona Rita, uma rata grisalha com óculos grandes que sempre carregava um livro antigo de histórias.

A escola de Ratolândia tinha salas de aula feitas de caixas de papelão, corredores decorados com páginas de livros e uma biblioteca repleta de migalhas de sabedoria. Lá, os jovens ratinhos aprendiam a ler, escrever, fazer contas e, claro, como evitar as armadilhas e perigos do mundo dos humanos.

Um dos alunos mais curiosos e determinados era o pequeno Tico. Tico era um ratinho de pelo marrom e olhos brilhantes, sempre sedento por conhecimento e aventuras. Ele adorava a escola e seus amigos, mas sentia que havia algo mais que ainda não tinha descoberto.

Certo dia, Dona Rita anunciou uma grande novidade: "Alunos, temos um novo projeto especial. Vamos explorar a Grande Biblioteca Humana durante a noite e descobrir novos livros e segredos!"

Os ratinhos ficaram empolgados, mas também um pouco apreensivos. A Grande Biblioteca Humana era um lugar vasto e cheio de perigos, mas também de maravilhas que eles nunca haviam visto antes. Tico, no entanto, não conseguia conter sua animação. Ele sempre sonhara em explorar o mundo além das paredes de Ratolândia.

Na noite da grande expedição, os alunos se reuniram no pátio da escola, equipados com pequenas lanternas feitas de vagalumes e mochilas cheias de queijo para lanches. Dona Rita liderou o grupo através dos túneis secretos que conectavam Ratolândia à Grande Biblioteca Humana. Ao chegarem, os ratinhos ficaram maravilhados com a imensidão do lugar. Estantes enormes se estendiam até o teto, repletas de livros de todas as formas e tamanhos.

"Vamos nos dividir em grupos e explorar. Lembrem-se, devemos ser rápidos e silenciosos," instruiu Dona Rita.

Tico, junto com seus amigos Pipo e Nina, foi designado para explorar a seção de contos de fadas. Enquanto deslizavam pelas prateleiras, eles encontraram um livro gigantesco com uma capa dourada e letras brilhantes. "Histórias Encantadas," dizia o título.

Curiosos, abriram o livro e, para sua surpresa, uma nuvem mágica os envolveu, transportando-os para dentro da história. De repente, estavam em um reino encantado, onde ratos eram heróis e dragões amigáveis protegiam os castelos.

"Que lugar incrível!" exclamou Tico. "Temos que explorar tudo!"

Os três amigos embarcaram em uma série de aventuras mágicas, ajudando um rei rato a encontrar seu queijo perdido, derrotando bruxas malvadas e voando nas costas de um dragão dourado. Cada página do livro era uma nova aventura, e Tico sentia que finalmente havia encontrado o que procurava: um mundo de infinitas possibilidades.

Após muitas aventuras, Tico, Pipo e Nina decidiram que era hora de voltar. Ao fecharem o livro, a nuvem mágica os trouxe de volta à Grande Biblioteca Humana. Lá, encontraram Dona Rita, que estava preocupada com o sumiço deles.

"Vocês estão bem?" perguntou ela, aliviada.

"Sim, Dona Rita, tivemos a aventura de nossas vidas!" respondeu Tico, com um sorriso radiante.

Ao retornarem a Ratolândia, os três amigos compartilharam suas histórias com os outros alunos, que ficaram maravilhados e inspirados. Dona Rita decidiu incorporar mais explorações noturnas no currículo da escola, acreditando que a melhor forma de aprender era através da descoberta e da aventura.

A partir daquele dia, a Escola de Ratolândia tornou-se não apenas um lugar de aprendizado, mas também de incríveis aventuras. Tico, Pipo e Nina continuaram a explorar novos livros e mundos, sempre retornando com novas histórias e lições para compartilhar.

E assim, a pequena escola de ratos continuou a prosperar, ensinando a cada jovem roedor que o mundo está cheio de maravilhas esperando para serem descobertas, e que a verdadeira magia está em nunca parar de explorar e aprender.

The School of Mouseville

In the small and charming town of Mouseville, hidden within the walls of an old library, there was a very special school. The School of Mouseville was known by all the mice as the place where the brightest minds and the nimblest paws gathered to learn about the world. The school was run by the wise and kind Principal Mrs. Rita, a gray-haired mouse with large glasses who always carried an old storybook.

Mouseville School had classrooms made of cardboard boxes, hallways decorated with pages from books, and a library full of crumbs of wisdom. There, the young mice learned to read, write, do math, and, of course, how to avoid the traps and dangers of the human world.

One of the most curious and determined students was little Tico. Tico was a brown-furred mouse with bright eyes, always thirsty for knowledge and adventure. He loved school and his friends, but he felt there was something more he had yet to discover.

One day, Mrs. Rita announced a big news: "Students, we have a special new project. We will explore the Great Human Library at night and discover new books and secrets!"

The mice were excited but also a bit apprehensive. The Great Human Library was a vast place full of dangers but also wonders they had never seen before. Tico, however, couldn't contain his excitement. He had always dreamed of exploring the world beyond the walls of Mouseville.

On the night of the big expedition, the students gathered in the schoolyard, equipped with small lanterns made of fireflies and backpacks full of cheese for snacks. Mrs. Rita led the group through the secret tunnels that connected Mouseville to the Great Human Library. When they arrived, the mice were amazed at the immensity of the place. Huge shelves stretched to the ceiling, filled with books of all shapes and sizes.

"Let's divide into groups and explore. Remember, we must be quick and silent," instructed Mrs. Rita.

Tico, along with his friends Pipo and Nina, was assigned to explore the fairy tale section. As they slid through the shelves, they found a gigantic book with a golden cover and sparkling letters. "Enchanted Stories," read the title.

Curious, they opened the book and, to their surprise, a magical cloud enveloped them, transporting them inside the story. Suddenly, they were in an enchanted kingdom where mice were heroes and friendly dragons protected castles.

"What an amazing place!" exclaimed Tico. "We have to explore everything!"

The three friends embarked on a series of magical adventures, helping a mouse king find his lost cheese, defeating evil witches, and flying on the back of a golden dragon. Each page of the book was a new adventure, and Tico felt he had finally found what he was looking for: a world of endless possibilities.

After many adventures, Tico, Pipo, and Nina decided it was time to return. As they closed the book, the magical cloud brought them back to the Great Human Library. There, they found Mrs. Rita, who was worried about their disappearance.

"Are you alright?" she asked, relieved.

"Yes, Mrs. Rita, we had the adventure of our lives!" answered Tico, with a radiant smile.

Upon returning to Mouseville, the three friends shared their stories with the other students, who were amazed and inspired. Mrs. Rita decided to incorporate more nighttime explorations into the school's curriculum, believing that the best way to learn was through discovery and adventure.

From that day on, Mouseville School became not only a place of learning but also of incredible adventures. Tico, Pipo, and Nina continued to explore new books and worlds, always returning with new stories and lessons to share.

And so, the little mouse school continued to thrive, teaching every young rodent that the world is full of wonders waiting to be discovered, and that the true magic lies in never stopping to explore and learn.

A Extraordinária Aventura do Gato Roxo

No coração de uma cidade movimentada, onde todos os gatos eram brancos, pretos, ou listrados, vivia um gato muito especial. Seu nome era Felisberto, mas todos o chamavam de Berto. O que tornava Berto diferente de todos os outros gatos era sua cor: ele era roxo. Não um roxo comum, mas um roxo brilhante e vibrante que parecia brilhar sob a luz do sol.

Berto vivia em um apartamento aconchegante com sua dona, Dona Margarida, uma senhora bondosa que adorava contar histórias de seus tempos de juventude. Ela tinha encontrado Berto quando ele era apenas um filhote, abandonado em uma caixa de sapatos, e desde então, eles se tornaram inseparáveis.

Embora Berto fosse amado por Dona Margarida, ele não se sentia bem aceito pelos outros gatos do bairro. Eles zombavam de sua cor incomum e o evitavam. Berto muitas vezes se sentia solitário e ansiava por uma aventura onde ele pudesse provar que ser diferente era algo incrível.

Um dia, enquanto explorava o sótão do apartamento, Berto encontrou uma velha caixa de madeira. Curioso, ele a abriu com suas patinhas e descobriu um mapa antigo. Era um mapa que prometia levar a um tesouro escondido nas profundezas da cidade. Com os olhos brilhando de excitação, Berto decidiu que aquela era a sua chance de viver uma grande aventura.

Com o mapa na pata e um coração cheio de coragem, Berto saiu de casa em direção ao desconhecido. O mapa indicava que ele deveria começar sua jornada no parque central da cidade, onde havia uma grande estátua de um gato com uma coroa. Ao chegar lá, Berto encontrou um enigma esculpido na base da estátua: "Para encontrar o tesouro que não pode ser visto, siga o rastro do arco-íris que nunca existiu."

Berto coçou a cabeça, confuso. Como ele seguiria um arco-íris que nunca existiu? Pensando profundamente, ele percebeu que o enigma poderia ser uma metáfora. Talvez o arco-íris fosse algo tão único quanto ele. Ele decidiu seguir seu próprio instinto e olhar para lugares onde normalmente não procuraria.

Primeiro, ele foi até o antigo moinho de vento, um lugar que os gatos do bairro evitavam por acreditar ser assombrado. Lá, Berto encontrou um corvo chamado Croco, que parecia saber muito sobre enigmas. "Você é um gato roxo," disse Croco. "Isso já é algo único. Talvez o arco-íris esteja em algum lugar onde ninguém mais pensaria em procurar."

Croco deu a Berto uma pena colorida e disse para ele seguir o caminho até a estação de trem abandonada. Chegando lá, Berto encontrou um velho trem enferrujado, mas com um detalhe intrigante: uma janela com vitrais que criava um arco-íris quando o sol a atravessava.

Berto entrou no trem e descobriu outro enigma, desta vez em um painel escondido: "A luz que brilha na noite escura te guiará ao tesouro." Berto sabia que precisaria esperar pelo anoitecer. Ele se escondeu no trem e, quando a lua cheia apareceu no céu, um feixe de luz atravessou a janela de vitrais, apontando para um ponto específico no chão.

Berto começou a cavar com suas patinhas e, para sua surpresa, encontrou uma pequena chave de ouro. Com o mapa e a chave em suas garras, ele voltou ao parque central, onde notou que a base da estátua tinha uma fechadura escondida.

Ao inserir a chave na fechadura, a base da estátua se abriu revelando um compartimento secreto. Dentro, havia um livro antigo com a capa encrustada de pedras preciosas. O título do livro era "Histórias dos Gatos Extraordinários". Berto começou a folhear o livro e descobriu que ele continha histórias de gatos únicos de todo o mundo, cada um com suas próprias aventuras e feitos heroicos.

De repente, Berto sentiu-se menos solitário. Ele não era apenas um gato roxo; ele era um gato extraordinário, parte de uma longa linhagem de gatos incríveis. Ele correu de volta para casa para mostrar sua descoberta a Dona Margarida, que ficou maravilhada com o livro e com a coragem de Berto.

As notícias sobre a aventura de Berto logo se espalharam pelo bairro, e os outros gatos, antes zombeteiros, começaram a ver Berto com admiração. Eles perceberam que a cor de Berto não o tornava estranho, mas sim especial e inspirador.

A partir daquele dia, Berto foi respeitado e querido por todos. Ele se tornou um líder entre os gatos do bairro, ensinando-os a valorizar suas próprias singularidades e a buscar aventuras além do que eles imaginavam possível.

E assim, Berto, o gato roxo, viveu muitas outras aventuras, sempre com seu livro de histórias extraordinárias ao seu lado, lembrando-o de que ser diferente era, na verdade, ser especial. E em cada nova aventura, ele escrevia um novo capítulo no livro, para que outros gatos pudessem se inspirar e encontrar a coragem de serem quem realmente eram.

The Extraordinary Adventure of the Purple Cat

In the heart of a bustling city, where all the cats were white, black, or striped, lived a very special cat. His name was Felisberto, but everyone called him Berto. What made Berto different from all the other cats was his color: he was purple. Not just any purple, but a bright and vibrant purple that seemed to shine in the sunlight.

Berto lived in a cozy apartment with his owner, Mrs. Daisy, a kind old lady who loved to tell stories of her youth. She had found Berto when he was just a kitten, abandoned in a shoebox, and since then, they had become inseparable.

Although Berto was loved by Mrs. Daisy, he didn't feel accepted by the other neighborhood cats. They mocked his unusual color and avoided him. Berto often felt lonely and yearned for an adventure where he could prove that being different was amazing.

One day, while exploring the apartment's attic, Berto found an old wooden box. Curious, he opened it with his paws and discovered an ancient map. It was a map that promised to lead to a hidden treasure deep within the city. With his eyes sparkling with excitement, Berto decided this was his chance to have a great adventure.

With the map in his paw and a heart full of courage, Berto set out into the unknown. The map indicated that he should start his journey at the city's central park, where there was a large statue of a cat wearing a crown. Upon arriving there, Berto found a riddle engraved at the base of the statue: "To find the treasure that cannot be seen, follow the trail of the rainbow that never existed."

Berto scratched his head, puzzled. How would he follow a rainbow that never existed? Thinking deeply, he realized the riddle might be a metaphor. Perhaps the rainbow was something as unique as he was. He decided to follow his own instinct and look in places he normally wouldn't.

First, he went to the old windmill, a place the neighborhood cats avoided, believing it to be haunted. There, Berto met a crow named Croco, who seemed to know a lot about riddles. "You are a purple cat," said Croco. "That's already something unique. Maybe the rainbow is somewhere no one else would think to look."

Croco gave Berto a colorful feather and told him to follow the path to the abandoned train station. Upon arriving there, Berto found an old rusty train with an intriguing feature: a window with stained glass that created a rainbow when the sun shone through it.

Berto entered the train and discovered another riddle, this time on a hidden panel: "The light that shines in the dark night will guide you to the treasure." Berto knew he would need to wait until nightfall. He hid in the train, and when the full moon appeared in the sky, a beam of light passed through the stained glass window, pointing to a specific spot on the ground.

Berto began digging with his paws, and to his surprise, he found a small golden key. With the map and the key in his claws, he returned to the central park, where he noticed that the base of the statue had a hidden lock.

When he inserted the key into the lock, the base of the statue opened, revealing a secret compartment. Inside, there was an old book with a cover encrusted with precious stones. The title of the book was "Stories of Extraordinary Cats." Berto began to flip through the book and discovered it contained stories of unique cats from all over the world, each with their own adventures and heroic deeds.

Suddenly, Berto felt less lonely. He wasn't just a purple cat; he was an extraordinary cat, part of a long lineage of amazing cats. He ran back home to show his discovery to Mrs. Daisy, who was delighted with the book and with Berto's bravery.

News of Berto's adventure soon spread through the neighborhood, and the other cats, who once mocked him, began to look at Berto with admiration. They realized that Berto's color didn't make him strange but rather special and inspiring.

From that day on, Berto was respected and loved by all. He became a leader among the neighborhood cats, teaching them to value their own uniqueness and to seek adventures beyond what they imagined possible.

And so, Berto, the purple cat, lived many more adventures, always with his book of extraordinary stories by his side, reminding him that being different was actually being special. And with each new adventure, he wrote a new chapter in the book, so other cats could be inspired and find the courage to be who they truly were.

O Astronauta e a Estrela Perdida

Era uma vez, numa pequena cidade chamada Estrelaria, um menino chamado Tico que sonhava em se tornar um astronauta. Tico não era um menino qualquer. Ele tinha cabelos desgrenhados, óculos enormes e uma imaginação que parecia não ter limites. Seu quarto era uma verdadeira galáxia: havia planetas pendurados no teto, estrelas brilhantes nas paredes e um foguete de papelão no canto, sempre pronto para uma nova aventura.

Tico passava horas construindo naves espaciais com caixas de sapatos e tentando encontrar o melhor jeito de viajar para a Lua, Marte ou até mesmo para além das estrelas. Mas o que ele realmente queria era encontrar uma estrela que ele tinha visto em um livro antigo de astronomia. Era uma estrela que parecia brilhar mais intensamente que todas as outras, e seu nome era Estrela Lumina.

Um dia, enquanto Tico estava no seu jardim, observando o céu com seu telescópio improvisado, ele viu algo que o fez tremer de empolgação: uma luz brilhante caiu do céu e pousou suavemente no quintal. Tico correu para o local onde a luz havia aterrissado e encontrou um pequeno e cintilante pedaço de estrela. Era a Estrela Lumina!

"Uau!" exclamou Tico, segurando a estrela com cuidado. "Finalmente encontrei você!"

A Estrela Lumina tinha um brilho encantador e parecia emitir uma melodia suave. De repente, uma pequena voz surgiu da estrela. "Olá, Tico! Eu sou a Estrela Lumina. Estou perdida e preciso de sua ajuda para voltar para o céu. Você pode me ajudar?"

Tico estava atônito. Ele sempre soubera que estrelas podiam ser especiais, mas nunca imaginou que poderiam falar! "Claro! Vou ajudá-la, mas como vamos fazer isso?"

A Estrela Lumina explicou que para voltar ao céu, precisava de um foguete especial que pudesse voar além das nuvens e dos planetas. Mas havia um problema: o foguete de papelão de Tico não seria suficiente.

"Eu tenho uma ideia," disse Tico. "Vou construir um foguete real! Vou precisar da ajuda de alguns amigos."

Ele foi imediatamente ao bairro para buscar ajuda. Primeiro, encontrou seu amigo Pedro, um gênio da engenharia, que concordou em ajudar a construir um foguete. Juntos, eles passaram dias e noites trabalhando, montando peças, ajustando motores e testando sistemas. Pedro trouxe peças de um velho rádio, uma antena quebrada e até um par de patins em desuso, que se tornaram partes essenciais do foguete.

Enquanto isso, Tico procurou sua amiga Lúcia, uma artista talentosa, para decorar o foguete. Lúcia pintou estrelas e planetas no exterior, deixando o foguete tão bonito quanto poderoso.

Depois de semanas de trabalho árduo, o foguete estava pronto. Tico, Pedro e Lúcia se prepararam para a grande viagem. A

Estrela Lumina estava agora dentro de uma pequena cápsula que se encaixava perfeitamente no foguete. A contagem regressiva começou: "Três, dois, um, decolagem!"

O foguete decolou com um rugido e uma explosão de cores, subindo rapidamente para o céu. As estrelas pareciam piscar com uma nova energia à medida que o foguete se aproximava delas. Tico estava maravilhado com a vista: a Terra parecia uma pequena bola azul, e o espaço estava cheio de estrelas cintilantes.

Depois de uma longa jornada, eles chegaram ao espaço profundo. A Estrela Lumina começou a brilhar mais forte e a emitir uma melodia ainda mais encantadora. "Estamos quase lá," disse a Estrela Lumina com uma voz alegre. "A estrela de onde eu vim está naquela direção."

O foguete seguiu a direção indicada, passando por asteroides e cometas. Finalmente, encontraram a constelação onde a Estrela Lumina pertencia. Era um grupo de estrelas brilhantes que formavam uma bela figura no céu.

"Esta é a minha casa!" exclamou a Estrela Lumina, iluminando o espaço ao seu redor com um brilho deslumbrante.

Tico e seus amigos estavam emocionados por terem ajudado a Estrela Lumina a retornar ao seu lugar no céu. Eles disseram suas despedidas e a Estrela Lumina fez um último brilho radiante antes de se juntar às outras estrelas.

Com o coração cheio de alegria e a memória de uma aventura incrível, Tico, Pedro e Lúcia retornaram à Terra. O foguete aterrissou suavemente de volta ao quintal de Tico, e eles foram recebidos com abraços e agradecimentos.

A aventura de Tico se espalhou pela cidade, e todos ficaram maravilhados com a coragem e a amizade dele. Tico se tornou uma pequena lenda local, e o foguete de papelão foi colocado em um lugar de honra em sua casa, como um lembrete de que grandes aventuras podem começar com um sonho e um pouco de imaginação.

E assim, Tico continuou a explorar o mundo com seus amigos, sempre sonhando com novas aventuras. A Estrela Lumina nunca foi esquecida, e Tico sabia que, sempre que olhasse para o céu estrelado, poderia lembrar da sua incrível jornada no espaço.

The Astronaut and the Lost Star

Once upon a time, in a small town called Starland, there lived a boy named Tico who dreamed of becoming an astronaut. Tico was not just any boy. He had messy hair, enormous glasses, and an imagination that seemed boundless. His room was a true galaxy: there were planets hanging from the ceiling, shining stars on the walls, and a cardboard rocket in the corner, always ready for a new adventure.

Tico spent hours building spaceships out of shoeboxes and trying to find the best way to travel to the Moon, Mars, or even beyond the stars. But what he really wanted was to find a star he had seen in an old astronomy book. It was a star that seemed to shine brighter than all the others, and its name was Star Lumina.

One day, while Tico was in his garden, watching the sky with his makeshift telescope, he saw something that made him tremble with excitement: a bright light fell from the sky and gently landed in the yard. Tico ran to the spot where the light had landed and found a small, sparkling piece of star. It was Star Lumina!

"Wow!" exclaimed Tico, holding the star carefully. "I finally found you!"

Star Lumina had a charming glow and seemed to emit a soft melody. Suddenly, a small voice emerged from the star. "Hello,

Tico! I am Star Lumina. I am lost and need your help to get back to the sky. Can you help me?"

Tico was astonished. He had always known that stars could be special, but he never imagined they could talk! "Of course! I'll help you, but how are we going to do that?"

Star Lumina explained that to return to the sky, she needed a special rocket that could fly beyond the clouds and the planets. But there was a problem: Tico's cardboard rocket wouldn't be enough.

"I have an idea," said Tico. "I'll build a real rocket! I'll need help from some friends."

He immediately went around the neighborhood to seek help. First, he found his friend Pedro, a genius at engineering, who agreed to help build a rocket. Together, they spent days and nights working, assembling parts, adjusting engines, and testing systems. Pedro brought parts from an old radio, a broken antenna, and even a pair of old roller skates, which became essential parts of the rocket.

Meanwhile, Tico sought his friend Lúcia, a talented artist, to decorate the rocket. Lúcia painted stars and planets on the exterior, making the rocket as beautiful as it was powerful.

After weeks of hard work, the rocket was ready. Tico, Pedro, and Lúcia prepared for the big journey. Star Lumina was now inside a small capsule that fit perfectly into the rocket. The countdown began: "Three, two, one, lift-off!"

The rocket launched with a roar and a burst of colors, rising quickly into the sky. The stars seemed to twinkle with new energy as the rocket approached them. Tico was amazed by the view: Earth looked like a tiny blue ball, and space was filled with sparkling stars.

After a long journey, they reached deep space. Star Lumina began to shine even brighter and emitted an even more enchanting melody. "We're almost there," said Star Lumina with a cheerful voice. "The star where I come from is in that direction."

The rocket followed the indicated direction, passing through asteroids and comets. Finally, they reached the constellation where Star Lumina belonged. It was a group of bright stars that formed a beautiful figure in the sky.

"This is my home!" exclaimed Star Lumina, illuminating the space around her with a dazzling glow.

Tico and his friends were thrilled to have helped Star Lumina return to her place in the sky. They said their goodbyes, and Star Lumina made one final radiant shine before joining the other stars.

With hearts full of joy and memories of an incredible adventure, Tico, Pedro, and Lúcia returned to Earth. The rocket landed smoothly back in Tico's yard, and they were welcomed with hugs and thanks.

Tico's adventure spread throughout the town, and everyone was amazed by his bravery and friendship. Tico became a local legend, and the cardboard rocket was placed in a place of honor in his home, as a reminder that great adventures can start with a dream and a little imagination.

And so, Tico continued to explore the world with his friends, always dreaming of new adventures. Star Lumina was never forgotten, and Tico knew that whenever he looked up at the starry sky, he could remember his incredible journey through space.

O Esquisito Mundo do Gato Gorgonzola

―――

Era uma vez, na peculiar cidade de Pipoquinha, um gato chamado Gorgonzola. Gorgonzola não era um gato qualquer; ele era um gato muito especial, com um bigode que parecia ter vida própria e uma pelagem tão colorida que parecia ter sido pintada com todas as tintas do arco-íris.

Gorgonzola morava em uma casa muito engraçada, que tinha a forma de um enorme queijo. E não era um queijo qualquer, mas sim um queijo suíço gigante, com buracos e tudo mais. Sua casa estava cheia de livros curiosos, brinquedos excêntricos e um sofá tão macio que parecia ter sido feito com nuvens de algodão doce.

Todos os dias, Gorgonzola fazia coisas estranhas e maravilhosas. Ele passava horas tentando ensinar um grupo de sapos a cantar óperas, organizava corridas de caracóis na sua sala de estar e até havia criado um pequeno laboratório onde tentava descobrir como transformar leite em chocolate. Mas o que Gorgonzola mais gostava era explorar o seu próprio jardim, que mais parecia um labirinto mágico.

Seu jardim tinha árvores que dançavam quando o vento soprava, flores que contavam piadas e uma fonte que jorrava suco de laranja ao invés de água. Mas, o mais curioso de tudo, era um buraco no jardim que levava a um mundo subterrâneo repleto de aventuras.

Um dia, enquanto Gorgonzola estava sentado no seu sofá de nuvens, ele ouviu um som estranho vindo do jardim. Era um som que ele nunca tinha ouvido antes: um "plim-plim-plim" agudo e alegre. Intrigado, ele decidiu investigar.

Com seus sapatos de esquisito matiz verde limão e seu chapéu de explorador de penas coloridas, Gorgonzola foi até o buraco no jardim. Ele se abaixou e deu uma olhada lá embaixo. O buraco parecia estar brilhando com uma luz mágica, e o som de "plim-plim-plim" estava ficando cada vez mais forte.

Sem hesitar, Gorgonzola pulou no buraco e, de repente, se encontrou em um mundo totalmente novo. Era um lugar onde as árvores eram feitas de pirulitos, os rios eram de chocolate e os animais usavam roupas extravagantes. Era um mundo que parecia ter saído diretamente dos sonhos mais malucos.

Gorgonzola caminhou pela paisagem surpreendente e logo encontrou um grupo de criaturas que pareciam muito ocupadas. Eles eram pequenos elfos de chapéus brilhantes e estavam tentando resolver um problema muito sério: o Grande Relógio do Mundo estava parado, e isso estava causando uma grande confusão. O dia e a noite estavam se misturando, e ninguém sabia quando era hora de fazer o quê.

"Olá, você deve ser o Gorgonzola!" disse um dos elfos, que estava usando um chapéu de arco-íris e uma gravata de bolinhas. "Nós ouvimos falar de você e da sua incrível casa de queijo. Precisamos da sua ajuda para consertar o Grande Relógio. Você pode nos ajudar?"

Gorgonzola, sempre disposto a ajudar, concordou imediatamente. Ele começou a examinar o Grande Relógio, que era um dispositivo magnífico, com engrenagens douradas e mostradores de cristal. Após um pouco de investigação, ele descobriu que o problema era um pequeno parafuso que havia se soltado e estava causando o travamento das engrenagens.

Com muito cuidado, Gorgonzola pegou uma pequena caixa de ferramentas que ele sempre carregava consigo e começou a trabalhar. Ele ajustou o parafuso, lubrificou as engrenagens e, em pouco tempo, o Grande Relógio começou a funcionar novamente. Os elfos deram um grande suspiro de alívio, e o mundo ao redor começou a se ajustar, com o dia e a noite voltando ao normal.

"Você fez um trabalho maravilhoso!" exclamou o elfo de chapéu de arco-íris. "Como agradecimento, gostaríamos de lhe mostrar a nossa maior maravilha."

Gorgonzola seguiu o elfo até uma colina coberta de nuvens cor-de-rosa. No topo da colina, havia uma árvore majestosa, com folhas que brilhavam como diamantes e frutos que emitavam uma luz suave e quente. A árvore era conhecida como a Árvore dos Desejos.

"Qualquer desejo que você faça aqui, será realizado," disse o elfo.

Gorgonzola fechou os olhos e fez um desejo. Ele desejou que todos os seus amigos, na cidade de Pipoquinha, pudessem experimentar a magia do mundo subterrâneo e se divertir tanto quanto ele.

Quando ele abriu os olhos, uma chuva de estrelas brilhantes caiu da árvore e espalhou a magia por todo o mundo subterrâneo. Em pouco tempo, todos os seus amigos estavam ao seu lado, explorando o mundo encantado, rindo, jogando e se divertindo juntos.

Depois de um dia repleto de aventuras, Gorgonzola e seus amigos retornaram à cidade de Pipoquinha, levando consigo lembranças inesquecíveis e histórias fantásticas para contar. E, claro, Gorgonzola voltou para sua casa de queijo, com um sorriso no rosto e um novo tesouro de histórias para compartilhar.

A partir daquele dia, Gorgonzola nunca mais se sentiu sozinho. Ele sabia que a verdadeira magia não estava apenas nos mundos mágicos que ele explorava, mas também nas amizades e nas aventuras compartilhadas com aqueles que amava. E assim, ele continuou a viver sua vida cheia de surpresas e alegrias, sempre pronto para a próxima grande aventura.

The Bizarre World of Gorgonzola the Cat

———

Once upon a time, in the peculiar town of Popcornville, there lived a cat named Gorgonzola. Gorgonzola was no ordinary cat; he was a very special cat with a mustache that seemed to have a life of its own and fur so colorful it looked like it had been painted with all the hues of the rainbow.

Gorgonzola lived in a very funny house that was shaped like a giant piece of cheese. And not just any cheese, but a giant Swiss cheese with holes and all. His house was filled with curious books, quirky toys, and a sofa so soft it felt like it was made of cotton candy clouds.

Every day, Gorgonzola did strange and wonderful things. He spent hours trying to teach a group of frogs to sing operas, organized snail races in his living room, and even created a small laboratory where he tried to figure out how to turn milk into chocolate. But what Gorgonzola loved most was exploring his own garden, which resembled a magical maze.

His garden had trees that danced when the wind blew, flowers that told jokes, and a fountain that flowed with orange juice instead of water. But the most curious of all was a hole in the garden that led to an underground world full of adventures.

One day, while Gorgonzola was lounging on his cloud sofa, he heard a strange sound coming from the garden. It was a sound he had never heard before: a sharp and cheerful "plink-plink-plink." Intrigued, he decided to investigate.

Wearing his lime green quirky shoes and his explorer hat with colorful feathers, Gorgonzola made his way to the garden hole. He crouched down and took a peek inside. The hole seemed to be glowing with a magical light, and the "plink-plink-plink" sound was growing louder.

Without hesitation, Gorgonzola jumped into the hole and suddenly found himself in a completely new world. It was a place where trees were made of lollipops, rivers were made of chocolate, and animals wore extravagant clothes. It was a world that seemed to have come straight out of the wildest dreams.

Gorgonzola wandered through the astonishing landscape and soon encountered a group of creatures who seemed very busy. They were small, bright-hatted elves trying to solve a very serious problem: the Great World Clock had stopped, causing a big mess. Day and night were mixing together, and nobody knew when it was time to do what.

"Hello, you must be Gorgonzola!" said one of the elves, wearing a rainbow hat and a polka-dotted tie. "We've heard about you and your amazing cheese house. We need your help to fix the Great Clock. Can you help us?"

Gorgonzola, always ready to help, agreed immediately. He started examining the Great Clock, which was a magnificent device with golden gears and crystal dials. After a bit of investigation, he discovered that the problem was a small screw that had come loose and was causing the gears to jam.

With great care, Gorgonzola took out a tiny toolbox he always carried with him and began to work. He tightened the screw, oiled the gears, and soon the Great Clock began to work again. The elves let out a big sigh of relief, and the world around them started to adjust, with day and night returning to normal.

"You did a marvelous job!" exclaimed the rainbow-hatted elf. "As a thank you, we'd like to show you our greatest wonder."

Gorgonzola followed the elf to a hill covered in pink clouds. At the top of the hill stood a majestic tree, with leaves that sparkled like diamonds and fruits that glowed with a soft, warm light. The tree was known as the Tree of Wishes.

"Any wish you make here will come true," said the elf.

Gorgonzola closed his eyes and made a wish. He wished that all his friends back in Popcornville could experience the magic of the underground world and have as much fun as he did.

When he opened his eyes, a shower of bright stars fell from the tree and spread magic throughout the underground world. Soon, all his friends were by his side, exploring the enchanted world, laughing, playing, and having fun together.

After a day full of adventures, Gorgonzola and his friends returned to Popcornville, carrying with them unforgettable memories and fantastic stories to tell. And, of course, Gorgonzola went back to his cheese house, with a smile on his face and a new treasure trove of stories to share.

From that day on, Gorgonzola never felt lonely again. He knew that true magic was not just in the magical worlds he explored but also in the friendships and adventures shared with those he loved. And so, he continued to live his life full of surprises and joy, always ready for the next great adventure.

www.ingramcontent.com/pod-product-compliance
Lightning Source LLC
LaVergne TN
LVHW050701151224
799147LV00045B/1725